精神科医 瀬戸サトシ

今後の世界を憂う

瀬戸 睿

まえがき

現代は世界の富の50％以上を１％の富裕層が占めている世の中になっている。１％の富裕層１人当たりの平均資産は３億１６００万円で、人口の80％にあたる層の１人当たりの平均資産は45万円だ。

そんな弱肉強食の社会を作り出してきた政治屋（家）たちに目を向けると、資質も見識もなくなった厚顔無恥の輩たちで溢れ、政治を家業（商売）と考えて、権力を武器に企業から多額の集金システムを編みだした。今回の裏金問題が発覚しても、金と権力という美味しい利権を手放すはずがないから、自分たちの身を滅ぼしかねない政治改革なんてやるわけがない。一般の国会議員の歳費（給与）は基本給と期末手当の約２，０００万円が知られているが、このほかにも調査研究広報滞在費１，２００万円、立法事務費７８０万円、公設秘書給与２，５００万円～（※３人分）が支給されるので、政治屋一人当たりに、給与の３倍という年間6，000万円以上が支払われているのである。これほどの収入を税金から得ておきながら、政治資金パーティで企業から資金を吸い上げる。「政治には金がかかるのだ」と。しかし、実際には政治屋本人が選挙に勝つために金がかかるだけなのである。莫大な政党交付金（議員一人あたり年間約4，000万円）を国民が支払い続けているにもかかわらず。政党交付金は政治屋個人に使途を公開する必要のない政策活動費として配られ、問題が指摘されると、小賢しい抜け道を画策し、あたかも改革をしたかのように平然とふるまう。金と権力を手に入れた政治屋たちの私利私欲は凄まじい。政治は利権たっぷりの商売だから、絶対に手放さまいと、今度は子息を政界に送り込む時期を虎視眈々と企む。世界中が戦争と貧困に苦しんでいるというのに、富裕層や政治屋は優雅な別世界に生きる。

私が医学生だった1960年代、社会情勢は全世界的にベトナム反戦運動の渦中にあった。同時に医学部はインターン廃止闘争が学生中心に燃え上がり、医局講座制解体闘争へ進展。ベトナム反戦闘争と絡み合いながら、激しい闘争へと突き進んでいた。私はクラス代表として各大学代表の集まる諸会議に参加することになった。厚生省（現厚生労働省）に向けたデモにも参加し、しこたま機動隊に殴られもした。丁度その頃は学生闘争真っ只中にあり、東大の安田講堂占拠闘争で学生と機動隊との激突があり、それに破れても全共闘運動として、医学部闘争は全国の大学のベトナム反戦闘争へと大きく飛躍していった。総じてそれは「新左翼」運動として社会的にはとらえられ、既成政党を否定し、反帝国主義闘争として日米安保条約粉砕闘争、佐藤訪米阻止闘争へエスカレートさせていった。その時代にアメリカがベトナム人民を大量殺りくしていく姿を見て、私は怒りに胸を打ち震わせ、闘いに参加していった。１９７０年の安保闘争で逮捕された時は、未決拘留のまま10カ月間独房で過ごすことになった。しかし、この闘いに総体として敗北し、かつ浅間山荘事件の勃発により急速にこの運動はしぼんでいった。目指す目標

左から大学生時代の著者、母（俊子 平成22年4月没）、妹（瀬尾紘子）、兄（晃朗 平成21年8月没）

は正しかったのだが、何か間違っていた。その総括の中で私は静かに身を引いた。

私は刑務所を70年に保釈後、南埼玉病院で精神科非常勤医師として働きはじめたのだが、当時の院長、事務長が入院患者を置き去りにして、従業員にも給料を支払わないまま行方をくらますという事件が起きた。資金繰りがつかず経営危機に陥ったためで、後に残された我々医師や看護師らは患者を抱えたまま孤立するになったのである。患者は医師を頼りにし、他の病院に移ることを承知せず、私たちは病院に籠城するかたちとなった。経営者側は南埼玉病院を、ある医療法人に売却し我々従業員を全員クビにするという計画だったようだが、借金を肩代わりしてくれれば居抜きのまま病院を売り渡してもいいとの意向が示された。一勤務医だった私は東京で産婦人科医院を開業していた母を頼りに買取りを頼み込んだ。もちろん全額返済する条件で。しかし、南埼玉病院の経営の内情は深刻だった。従業員の給料は10カ月もストップしており、前院長に抗議して組合も結成されていた。学生運動の延長線でやられては目も当てられないと思われた上、買取ったとしても経営は容易でないことは理解していた母だったが、患者を第一義に考えた本質的な医療をしたいという息子の強い熱意に、買取りを承諾してくれた。現金2千万円に加え、借財は2億5千万円にのぼった。

その後、不慣れな病院経営に悪戦苦闘しながら、埼玉県内で初の全開放療法をトレードマークにした精神病治療を実践し、ようやく患者のための医療と経営を両立させることが出来るようになった。その後は社会を微力ながら変えていきたい一心で、地域の市民運動にも積極的に参加してきた。

しかし、私はもう83歳。気力も体力も、自分でもいやになるほど低下してしまった。だからこの本を読んでくださっている皆さんに託したい。「諦めずに声を出し続けていきましょう。必ず世の中に変化が起こるはずだから…」

2024年7月　自宅にて

市民活動で演説する著者

【注記】本書はこれまでに執筆した内容に応じて配置し、文末に執筆時期を記載しています。

第一章
自民党政権が日本を衰退させる

政権交代を怖がるな。ダメなら替えればいい

―権力を持つと国民を従わせる欲求が増す―

まもなく総選挙だ。野党は今迄一度もなかった共産党を含めた野党連合で、腐りきった自公と闘うことになる。「勝てるかな？」と一時は思ったが、各種世論調査ではそれでも自公が有利のようだ。国民はまだ衣替えが出来ていないようだ。自公に任せておいたら、貧富の格差のままでいくだろうにと思うのだが、変わるのが怖いのだろう。権力をもつと国民を従わせる力が強くなるのである。自然発生的に権力になびくようになるのである。世界の歴史を見てもそのようだが、それを打ち破る力を国民は持つべきである。

２０２１年10月21日

衆議院選挙に思う

―時の権力者はあらゆる手段で自分を守る―

安部、菅、岸田が行ってきたアベノミクスは貧富の格差を拡げている。金持ちの資産は2012年度6・1兆円が2021年に4倍の24・6兆円となり、大企業の内部留保金は2012年度333・5兆円が2020年度には484・3兆円と100兆円以上も増えている。一方、庶民の実質賃金396・1万円から373・7万円と22万円も減っている。政府は「桜を見る会」、日本学術会議の任命拒否などマスコミが騒ぐのに何もしようといない。検察の追及も大甘である。国民もデモで大騒ぎしない。国民は皆忘れてしまい、自民党が選挙で勝ちそれらの疑惑はどっかに飛んで行ってしまう。

ナチが何であんなにヒトラーに支配されたのだろう。第一次世界大戦で敗戦したドイツは、ヴェルサイユ条約で多額の借金を押し付けられ、国の経済で苦しんでドイツ人としての誇りも失う。そこにヒトラーだ、国民は独民族であり、ユダヤ人はどこの国にもおり独民族ではない、排除する方針を唱え、ユダヤ人排除を国民に植えつけた。国民は単一独民族と植えつけられ、ヒトラーの方針に従った。そしてヒトラーの思想は強力となり、ナチズムとなった。このように国民は、時の権力者の策謀により易々と騙されてしまう。戦前の日本もそうであった。権力の中枢である軍から天皇は神であると、勝てない戦争に駆り出され、反対する者は非国民とされた。両国民は最終的には権力のいいなりになってしまった。

思えば国民は、絶えず権力に対して警戒しなければならない。今では自公政権。「桜を見る会」をはじめ様々な不正を行ないながら、不正を覆い隠している。今の日本は民主主義社会であるから反対しても処罰はされない。時の権力者は不正をしても覆い隠す。国民はそれに騙されていく。時の権力はあらゆる手段で自分を守ろうとするから、それを許さない思想性を持って立ち向かう必要がある。今は投票で時の権力の不正に立ち向かうべきである。しかし、辛勝した自民党が高笑いしている。しかし、野党連合は勝てる。与党連合の欺瞞を打ち砕く闘いをすれば必ず勝てる。国民は賢くなろう。

2021年12月10日

大企業に寄り添い、弱者を切り捨てる自民党政権

――岸田政権に弱者救済の考えは無い――

今、賃金上昇なき物価高騰、貧困・失業者、多くの高齢化による年金生活など、弱者の生活が急速に行き詰っている。その中で、労働者の賃金をUPせず、大企業が貯め込んだお金＝内部留保金が何と500兆円にのぼっている。その中の一部で

も使い、最低賃金を500円UPし、1,500円にするとか、社会保障の充実や消費税減税に割り当てるようにすればよいし、内部留保金に税金をかければよい。岸田は二重課税になるから駄目だといっているが、その法的根拠はない。大企業にしか目がいかない岸田等自民党政権は、弱者救済の考えは全くない。大企業が500兆円も貯め込んでいるのに、老人医療費を2倍にしたり、生活保護費を削ったりして弱者いじめをしているのである。こんな政治を許してはいけないと思う。

2022年10月20日

差別社会をぶち壊すのは私たち国民だ
―国が差別を後押しする弱肉強食社会―

私は81・5歳、足腰も弱くなってきた。そんな時ごく軽い車の事故（駐車場を出る時、出口で右前輪部をぶつける）をきっかけに、皆から車の運転中止を迫られ、たった一人で「それはないよ、横暴だよ」と抵抗するも、今はタクシー通いになってしまった。まさに老人差別である。

差別といえば、賃金が上がらず、生活保護費の引き下げ、年金支給額引き下げ、物価上昇など、低所得者への差別、虐待が横行している。一方、大企業は500兆円を超える内部留保金を貯め込んでいる。それに課税もしていない。国全体が差別化社会を後押ししている。この社会を許しているのは、今の自公政権であり、それを選挙で選んだのは我々国民である。今の政権を倒して、差別社会をぶち壊すのは私たち国民である。まず、それを自覚しよう！

２０２２年11月17日

憲法九条を守る政権を作り出そう！
――戦争は政治の延長である――

きな臭い世の中になってきた。

ウクライナ危機に乗じて、自民・公明・維新の会などは自衛隊が憲法九条の枠、自衛の枠を飛び越えて戦争できる体制にしようと企んでいる。敵基地攻撃能力をいい出し、相手国の軍事政治の中枢まで攻撃できるとか、憲法九条をなくし戦争できる国にしようとしているのだ。

今でさえ、沖縄をはじめ日本各地に米軍基地は散在していて、アメリカが他国と戦争になれば、日本にある米軍基地等もミサイルの対象になり、日本に爆弾が降ってくるのである。そうすると日本も米軍と協力して、今まで禁止になっていた相手国の中枢に爆撃することが可能になる。日本も戦争に巻き込まれ、憲法九条は粉々になってしまう。

そうすると、平和国家を目指している国民は怒り、現政権は困るので自民・公明・維新の会は戦争できる国にするため憲法改悪を目指し憲法九条をなくそうとしているのである。そうなれば、日本も戦争に参加でき、さらには核も持てるようになってしまうだろう。

今や世界は、ロシアがウクライナに一方的に侵略し戦争になっている。「日本も中国や北朝鮮から侵略されたらどうするんだ。日本も武装しないといけない」と自民・公明・維新の会はいうであろう。しかし、戦争は政治の延長なのである。政治的な対立がなければ戦争は起きない。朝鮮戦争があって沖縄の米軍基地から戦闘に向かっても、中国や北朝鮮は日本を攻撃しなかった。日本には憲法九条があって戦争できない国になっていることを相手国は知っているからなのである。憲法九条がなければ、日本と韓国は軍事同盟を結び、朝鮮戦争の時は韓国の味方になって北朝鮮と闘っていたはずである。
平和憲法のあるお陰で日本は戦争をしていない。改憲を目指す自民・公明・維新の会に政権を委ねていけば、日本は戦争する国になってしまうだろう。憲法九条を守る政権を作り出そう！

2022年6月10日

日本の平和主義が風前の灯火
—三島由紀夫の思想に影響された男ども—

1970年11月25日。市ヶ谷の陸上自衛隊に作家の三島由紀夫が押し入り、800人の自衛隊員の前で演説をぶった後に自死した。
三島は「関の孫六」という日本刀を持ち「楯の会」（三島が結成した組織）のメ

ンバー4名と共に総監室を占拠し、益田総監を監禁し、要求書なるものを突き付けた。その後、バルコニーで改憲のためのクーデターに自衛隊員も参加しようと呼びかけたが、自衛隊員が全く反応しないため絶望した。三島は部下の森田に介錯を頼み、自分の腹に刀を刺し一気に横に切り開いた。そういう意味では自死こそが、日本の若者に活を与えると思い込んだのだろう。そして今は、彼の世代の男どもが戦争の準備をしている。三島の思うようにさせないよう、憲法九条を守る一点で、今の若者に力を与えなければならない。

三島は天皇について東大全共闘との討論会で次のようにいっている。「ぼくらは戦争中に生まれた人間でね、こういうところに陛下が坐っておられて、3時間全然微動だにしない姿を見ている。とにかく3時間、木像のごとく全然微動もしない、卒業式で。そういう天皇から私は時計をもらった。そういう個人的な恩顧があるんだな」と。三島は女性中心の家族に生まれ、自分の男性性を強調するために「男性の美学」

に憧れ、国家のために自分の命を犠牲にするところへいきついたようだ。そして、男たるもの、それは国に殉じることで、天皇に殉じることになる。日本古来の伝統は天皇制国家であるとまで考えた。老いさらばえて死ぬのではなく、天皇のために若くして死ぬ、それも潔く美しく惜しまれて死ぬとういい思いを持ち続けたのであろう。

なぜ、これを書いているかというと約50年前は70年安保闘争で逮捕され、10ヶ月の未決勾留で保釈された直後であり、現在はその頃以上に右傾化してきて岸田政権が憲法改正（九条の廃止）や改正しなくても敵基地攻撃はできると、日本の平和主義が風前の灯火になってきているからである。台湾問題もあり、東アジアが戦争になれば、沖縄が戦場になり、首都圏（日米安保条約のもと日本に米軍基地がある）も攻撃され、戦争に巻き込まれるのである。憲法九条を守り、戦争をしない国であることを守っていこう。

２０２３年２月10日

安倍銃撃事件
―旧統一教会と自民党の蜜月を隠す。山上を障害者扱いした姑息な政治判断―

安倍晋三（67歳）が7月8日に奈良市で演説中に山上徹也（41歳）に銃撃され死亡した。山上は7月25日から約4か月鑑定留置され、精神疾患の有無等鑑定される。彼の供述は論理的でキチンとしており、思考のゆがみもないのになぜ？山上の母が旧統一教会に1億円以上の寄付をし、なお信者であり続けていることに怒りを持った本人が、旧統一教会のシンパである安倍を狙っての殺人であることは判明しているのに、なぜ鑑定？署内での異常行動があったわけでもないのに、鑑定の理由も明らかにせずに。これは、安倍と旧統一教会との関係を最小化し、旧統一教会と自民党右派グループの関係性の拡がりを抑えるべく山上を障害者扱いし、沈静化しようとする姑息な政治判断である。鑑定で施設移動になれば、警察・検察の捜査は中断され、マスコミが報道をしないで済むからである。ものの見事にそれが功を奏し、マスコミは沈静化した。

しかし、旧統一教会が如何にして信者を入信させ、財産を奪い多くの家庭を崩壊させ、自民党を含む多くの反共右派グループとつながりをもったかを糾弾していく手口を押え込むまでには至っていない。反共という一本の太い縄でつながっている右派グループの汚いつながりを断つところまでいけるかどうか、国民はしっかり見ていかなければならない。こんな党派をのさばらしてはいけないと投票等で示していこう。

2022年8月18日

安倍の国葬
―国民の半数以上が国葬に反対でも、岸田政権は16億円の国費を投入―

あの安倍が殺された。殺した相手は、旧統一教会に1億円も献金させられていた母への復讐であった。安倍はその旧統一教会とべったりの超右翼政治家であって、それに向けられた銃弾であった。組織的な行動ではないので思想的なテロ行為とはいえず、自然発生的なテロといえるであろう。

暗殺後に社会、政治状況はいかに旧統一教会という組織が政治特に自民党右翼にくい込んでいたかという恐るべき実態が明らかになった。国際勝共連合と豪語し、反共主義で右翼的な政治活動を展開するために信者を金集めの道具とかし、その金と自民党右翼政治家への選挙活動の手伝いを信者に無料でさせ恩義を売り、政治家を旧統一教会に取り込んでいく関係が長らく続けられてきたことが次々と暴かれてきた。安倍と旧統一教会の汚い関係がばれて、それが自民党政治家どもとの深いつながりも明るみに出て、右翼政治家たちは必死になって隠そうとしているのである。

安倍政権はこれまで、自衛隊の海外派遣を可能にする安保法制の成立、特定秘密保護法や共謀罪法を強行し国民の知る権利を奪い、敵地攻撃能力を認めさせ防衛費を倍増し、森友・加計問題では身内を優遇する疑惑を持たれながら118回もの虚偽答弁をし、靖国神社参拝を強行し日本の加害責任を放棄し慰安婦を否定しアジア諸国との関係を悪化させる、などの右翼化の所業を8年間も取り続けてきた。それらが今回の暗殺ですべて打ち砕かれたかと思っていたら、今度の国葬問題である。

国会にかけるわけでもなく、政府が一方的に国葬をする決議を強行し、約16億円もかけて武道館で行った。その中で岸田総理は、安倍を褒めちぎるほど褒めまくって演説をし、安倍の政策を継続するとまで宣言したのである。安倍が旧統一教会と一緒になってやろうとしたことのどこが評価されるのであろうか。それに自民党が口先だけで旧統一教会とは縁を切るといっているが、この認め方では到底縁は切れないであろう。こういう政権を国民は許しておくほど馬鹿ではない。

２０２２年10月14日

第二章
世界で戦争連鎖が止まらない

自由も平和もない国へと突き進むアフガニスタン
―飢餓のどん底に国連もアメリカも援助なし―

アフガニスタンから米軍が撤退を進める中、あっという間にタリバンが押し寄せて首都カーブルまでやってきた。マスコミは、これから先、女性が差別され、ブルカを着せられ、厳密にイスラム教を押し付けられ、自由も平和もない国になるだろうと心配しまくっている。

私はペシャワール会の一員だ。会員になった理由は、アフガニスタンで亡くなった中村哲医師が行っている水源確保事業（砂漠に水をやる事業―ヒンドゥークシュ山脈から流れてくる水を砂漠地帯に流し込む水路を作る事業）に感銘したからだ。20世紀末、中村哲医師はハンセン病の治療のためにアフガニスタンを訪れ、治療を開始した。が、砂漠地帯で水がなく、それで死んでいく人が沢山いることを知り、医療よりもまず水が欲しいとこの用水路作りに邁進したのである。

アフガニスタンは山の国で、山の雪に守られた砂漠の国である。人口は3,804万人。8割以上が農民や遊牧民という農業国家。現金のない自給自足の生活で、国家の威信が辺境の地まで行き渡らない。その国にウサーマ・ビン・ラーディンのテロ（3,000人死亡）に激怒したアメリカはタリバンが彼を渡さないといって攻撃を始めた。空爆等にあった農民や遊牧民は「なぜ爆弾を落とすの！」とアメリカ不振に陥った。タリバンは倒されたが何十万の国民は「正義のアメリカ」によって殺されたのである。アフガニスタンに「自由と民主主義を」というアメリカはアフガニスタン人にとっては大きな敵となったのだ。

そして20年が経った。2000年の大飢饉で残された農地は枯れ果ててしまい、飢餓のどん底になった国民に、国連もアメリカも何の援助もしない。アフガニスタンのテロ撲滅だけを旗印にして爆撃を続け、今年には何の役にも立たなかったといって、さっさと米軍を撤退させたのである。我慢に我慢をしていたタリバンがあっという間にカーブルを占拠したのである。アフガニスタンの国民に抵抗する者はいなかった。カーブルにいた裕福な人のみ脱出しようとしたが、誰も助けようとしなかった。好意的であった日本にもアメリカの手先だといって脱出の手助けをする人はいなかった。唯一、ペシャワール会の活動をしている日本人達には、何の危害も加えていない。ペシャワール会の活動を、現地の人々の望むことを一緒にしてくれていると評価してくれたのである。戦争を通して「国際貢献である」「民主主義を植え付ける」という西欧のやり方にＮｏを突き付けたのだ。やっとアフガニスタン人によるアフガニスタンが生まれたのである。

しかし、飢えに苦しんでいる。タリバンであろうとなかろうと、食糧援助が必要だ。ペシャワール会を通してでもいい。中村哲医師の思いを届けよう。

２０２１年９月16日

米国に追随した自衛隊派遣で空気が変わった
―日本は世界から戦争をしない国と思われていたが―

今冬はアフガニスタンで１００万人の餓死者が出るかもといわれ、早急に貧困対策を講じなければならない状態になっている。故中村哲さんのペシャワール会に問い合わせしたところ、砂漠地帯の2，４００万人の国民の殆どが自給自足の農民で現金のない生活をしいられており、パキスタンとの国境と隣り合わせのペシャワールでヒンドゥークシュ山脈から流れる川から砂漠の地へ水を引く用水路を作る作業を続け、タリバン政権も邪魔はしていないとのことだ。私個人としても、このアフガニスタンで砂漠に水を引き、畑を作ってきているペシャワール会を維持するべく１００万円の寄付をした。餓死者をできるだけ少なくしたいとの思いなのである。

アメリカは20年もウサーマ・ビン・ラーディンを匿っていたといってアフガニス

タンに駐留し続けた。それは国際援助ではなくテロ支援国家としての制裁のためだった。生活援助、食糧援助とかはせずにだ。これが、アフガニスタンが国際社会に対する決定的な不信を呼んだのである。アメリカは食糧の援助も何一つせずに、壊しに壊してさっさと20年後に去っていった。憎しみと怒りだけを残して去っていったのである。

日本は戦争をしない国だと思って、国民は好意的な目で見ていたが、2001年のアフガニスタン空爆に米国に追随して自衛隊を派遣してから空気が変わり、日本人を敵視する人たちも増えてきた。しかし、ペシャワール会の活躍だけは見る目が違い、感謝の目で見ていた。現在もそうだ。

2021年11月18日

アフガニスタンを助けよう
―電力・上下水道も戦争で破壊された―

世界のビリオネア（資産1,000億円以上の金持ち2,208名）の上位26名は、ボトム・ハーフ（貧しい人の半数）の38億人と同じ額の資産を有していると国際NGO「オックスファム」が5年前に発表した。1年間でボトム・ハーフの資産は11%も減少しているのに、ビリオネアの資産は12%も増えているのである。ボトム・ハーフの人達は1万人が毎日亡くなり、ボトム・ハーフの子供はビリオネアの子供より5歳までの死亡率が倍近くになっている。世界は超格差社会に突入している。世界では8億人が飢えていて、その内2億人が子供であるとの調査ももっともだと思われる。

戦争は世界中で続けられ、アメリカはアフガニスタンがウサーマ・ビン・ラーディンを隠していてタリバン政権を倒すといって攻撃し、20年間支配し続けていた。それが去年の8月にあっという間に軍を撤退させてしまった。タリバンに丸投げをし、アフガニスタン国民には破壊と混乱だけを残し、賠償金も一切払うことなくアメリカが逃げ帰ったのである。その後のアフガニスタンは大変である。

砂漠地帯が中心のアフガニスタンで大半が自給自足の生活、戦争で残っていた畑も田んぼも枯れ果てどうやって食べていけるか？ 今やアフガニスタンは人口3，000万人の半数が子供も含めて飢餓状態となっている。4年間干ばつで水もない状態なのである。電力、上下水道も戦争で破壊されている。

支援組織としては

特定非営利活動法人国境なき医師団（認定ＮＰＯ法人） 会長 久留宮 隆氏
〒162-0045 東京都新宿区馬場下町1-1 FORECAST 早稲田 FIRST 3階
特定非営利活動法人国境なき子どもたち（認定ＮＰＯ法人） 会長 寺田 朗子氏
〒161-0033 東京都新宿区下落4-3-22

がある。一刻も早く1，000円でも2，000円でもお送りいただけたら幸いである。

また、日本で唯一アフガニスタンで活躍している「ペシャワール会」もある。ペシャワール会はあの中村 哲医師が砂漠に水をといって、クナール川から砂漠まで用水路を作っていた。不幸にも中村 哲医師は銃撃により死亡してしまったが、ペシャワール会は今も用水路を作っている。そこにカンパする手もある。

ペシャワール会　電話：092-731-2388
〒810-0003 福岡市中央区春吉1-16-8 VEGA天神南601

2021年秋

ロシアのウクライナ侵略
―ソ連崩壊後、15カ国が独立した末―

世界がおかしくなってきた。

ロシアの突然のウクライナ侵略だ。30数年前にソビエト連邦が崩壊してラトビア、リトアニア、エストニアのバルト三国やジョージアとモルドバは欧州、カザフスタンとトルクメニスタンは中国寄りになり、ウクライナだけが中途半端な国になった。東側陣営だったチェコやポーランドもNATOに組み込まれ、ソ連圏だった国が現ロシアから離れていってしまったのである。

ウクライナはEU側につくのか、ロシア側につくのかで、内部でもめていた。ソビエト連邦崩壊後、15ヵ国も現ロシアから離れていってしまい、ロシアとしては何としてでもウクライナはロシア側にとっておきたいとプーチンは考え、最終的に戦争という形でウクライナ侵攻を決断し２０２２年2月24日にウクライナを侵攻した。ウクライナはゼレンスキー大統領を長としたキチンとした国であり、これは国を守るしかないとロシアに立ち向かっている。世界もロシアの侵略であると位置づけ、圧倒的にプーチンのロシアに批判の目を向けている。プーチンはソ連時代からソ連の重鎮で支配者層にいた人間で、ソ連の崩壊後20年も現在のロシアの権力者となっており、ソ連圏だった15ヵ国が独立し、多くの国がEUに様変わりすることに耐えられず、ウクライナだけは自国の支配下に置こうと、この無謀な戦争を仕掛けたのである。

帝国主義的発想だ。ソビエト連邦からロシアになりロシア帝国となり、共産圏から帝国主義国家となり、プーチンはロシア帝国の独裁者となっている。第二次世界大戦のドイツや日本と同じ発想の戦争で、他国を支配しようとする人間である。戦いを挑まれたウクライナは頑張っている。プーチンのロシアに負けるわけにはいかない。ウクライナを応援していきたい。

これを機に日本はアメリカと核を共有し核を持つという日本の右翼がいるが、日本には憲法九条がある。戦争はしないと憲法でいっている。日本には米軍基地がアチコチにある。米軍基地を目指して他国が襲ってくることもありえるだろう。日本を守るためにはアメリカにおんぶすることなく、米軍基地を撤廃しコスタリカと共同して世界に訴えていくべきである。

２０２２年４月８日

プーチンの横暴を糾弾する
―スターリンの軍拡・独裁政治再び―

世界は戦争だらけ。特にロシア、プーチンはひどい。なぜソ連がロシアになりプーチンの支配になっていったのか。

ソ連は第一次世界大戦後、レーニンの指導によりソ連を共産主義改革に導いた（１９２１年）。しかし、レーニンの死亡によりスターリンが実権を握り、革命とは程遠い独裁体制をしき、国家を支配し続けたが、独でナチが生まれファシズム体制のもと侵略戦争を始めたため、英米仏等を連合してナチとの戦いを強いられ、１９４５年にそれに勝利した。勝利後もスターリンの体制で名前だけの共産主義でソ連を続けていた。

スターリンが１９５２年死去したが、ソ連がその独裁政治を継続していきアメリカとの軍拡競争を続け、人工衛星の打ち上げや、大陸間弾道ミサイルの開発、核開発など多額の予算を使っていった。しかし、国内では深刻な経済的停滞などがあり、ゴルバチョフ時代になると旧来の体制ではもたなくなり、グラスノスチ（情報公開）、ペレストロイカ（改革）体制をとり、多くの規制撤廃を行わなくてはならなくなり、それが従属国にも影響を及ぼし、カザフスタン、ジョージア、ウクライナまでもが独立宣言をしたのである。しかも、東独も西独と統一（1989年）した。「ベルリンの壁」の崩壊である。その後、ゴルバチョフは1991年辞任に追い込まれ、ソ連が崩壊した。

そして、プーチンの登場である。2000年に大統領に就任し一度は大統領を降りたが、2012年に復帰し現在まで続いている。プーチンは半独裁体制で経済を立て直しながら、世界の超大国の地位を取り戻そうと躍起になっているのが現状だ。もとソ連下にあった国々が独立してEUというヨーロッパの連合体に吸収されていって、ウクライナもその連合体の中に入っていく状況の中で、唯一それだけは阻止しようと、ウクライナに侵攻しているのが現状なのである。

さぁ、世界はどうなるのだろうか。日本には平和憲法がある。その憲法九条を武器に、無力化した国連にプーチンの横暴を突き付けていくことが必要であろう。

2022年冬

食糧まで戦争の道具にするロシア
―小麦価格高騰で深刻な食糧危機に直面―

ロシアはウクライナ産の穀物輸出に関する合意（ロシアの侵略で停滞したウクライナ産穀物の輸出を再開させることでアフリカなどの低所得国を支援し、また高騰した世界的な食料価格の安定を取り戻す目的で、トルコと国連が仲介して成立したもの）から離脱し、黒海を通ってアジアやアフリカなどにウクライナ産の穀物輸出することを阻止しようとしている。この離脱はアフリカの低所得国に住む人々に食べ物を行き渡らせないようにし、飢えさせることを目的としている。このロシアの蛮行を許すわけにはいかない。

ウクライナは、世界でも指折りの穀物輸出国で黒海から積み出せないと小麦などの国際価格が高騰し、中央アフリカ諸国や中東で深刻な食糧危機をもたらす。弱い立場の人達を飢えさせるこの所業は、戦争の武器として使うべきではない。いくらウクライナを倒せないからと他国を巻き込んでの戦争拡大は許されるものではない。この事実はいくらプーチン下にあるロシア国民でも許さないであろう。原爆を広島、長崎で使用したアメリカを許さない日本国民として、このロシア、プーチンの蛮行を糾弾しよう！

そして世界は戦争だらけ、日本は平和憲法9条があるのだから、軍備費の倍増などしないで、日米安保条約を破棄してアメリカと手を切り、中米のコスタリカと同じように軍備費を0にして、憲法九条を固く守る非軍事国家であることを世界に宣言していく方針に変えるべきである。国連等で全世界に軍隊がなくてもやっていけるのだという姿を見せていくことが、世界の平和に大きく寄与するであろう。

2023年8月11日

専制国家と民主主義国家の闘い
―最悪のシナリオは核使用の第三次世界大戦―

ソ連はロシアになり、共産主義と名乗る中国もその思想とは裏腹に専制国家となり、世界ではキューバ位しか共産主義を語る国はなくなったのだろう。世界の殆どが資本主義で占められているといってよい。戦争もロシアとウクライナの資本主義国家同士の戦いだ。専制主義のロシアと民主主義圏のウクライナの戦争である。核を使えば第三次世界大戦といってもよい。恐ろしい資本主義国家同士の戦いがこれからも続くであろう。

２０２２年９月15日

日本は戦争できるのか？
―２０１５年「平和安全法制＝戦争法」が成立―

日本は第二次世界大戦敗戦後に日本国憲法第九条を規定し、戦争をしない国を作り出した。しかし、２０１５年安倍晋三が平和安全法制＝戦争法を成立させた。今迄、憲法違反としていた集団的自衛権を１８０度転換させ、米国などが戦争を始めた時に、自衛隊が米軍の支援のため戦闘に参加することができるようにしたのである。

さらに岸田政権は２０２２年12月に安保三文書で相手国のミサイル発射基地などを攻撃できる敵基地攻撃能力の保持を打ち出すまでになってしまった。この安保法制は日本と仲良しの国（米国など）が仲の悪い国と戦争になったら、その仲の悪い国からの武力攻撃を防ぐために自衛隊の武力行使＝集団的自衛権の行使ができるとしたのである（2023年4月6日、衆議院本会議での岸田発言）。戦後安保政策の実践面からの大転換といえるのである。

米国が他国と戦争をしでかし、日本の米軍基地から敵国をミサイルで攻撃したりすれば、相手国も負けじと日本にある米軍基地を攻撃してくるに違いない。すると米国のみならず、自衛隊も相手国に砲弾を撃ち込むであろう。日本も戦渦に巻き込まれていく。

安保法制とともに敵基地攻撃能力保有を明記した安保三文章を破棄しなければ、日本の安全は保障されないのである。日本に米軍基地は必要ない。米軍は今の日本に必要ないのである。追い出そう。自民党ではそれができないのなら、私たち国民が立ち上がらなければならないのである。

2023年10月13日

イスラエルとパレスチナの戦争
―イスラエルが被害者から加害者へ―

世界中で戦争が続いている。

日本は平和憲法があるので77年間戦争をしていない。憲法九条のような戦争をしないと宣言している国は、世界で日本だけのようだ。徴兵制もない国はごく少数であろう。今の日本の若者は軍人にならなくてもよい、これが長く続かないといけない。そのためにも今の憲法を守っていかなければならないのである。しかし、軍事力を持ちたい自民党や維新の会などが憲法改悪し、憲法九条をなくそうとしている。その勢力に騙され加担しないようにしなければならない。

ユダヤ人は二千年の長い歴史の中でいつも迫害を受け、第二次世界大戦ではナチスによって600万人も虐殺された。第二次世界大戦直後、国連はアラブの国にユダヤ人国家を認めた。それが今のイスラエルである。しかし、もともといたアラブ人たちの土地を奪って、ユダヤ人たちに国を与えたため、当然アラブ人たちは追い出された結果となり、武力衝突が起こり、中東戦争が始まったのである。

1993年お互い戦争を止めようとし、オスロで交渉が行われ「オスロ合意」が決まった。その内容は①イスラエルを国家として認めるが、パレスチナの暫定自治政府も認め、お互いに共存する②イスラエルが占拠したヨルダン川西岸とガザ地区から段階的にイスラエル軍を撤退させる、であった。しかし、ユダヤ教の聖地「嘆きの壁」とイスラム教の聖地「岩のドーム」はどちらもエルサレムにあり、アメリカのトランプが大統領になってエルサレムをイスラエルの首都として正式に認めたのである。エルサレムがイスラエルの首都になったことが、パレスチナ（アラブ）の怒りを買い激しい衝突が起き、たびたびイスラエルがガザ地区（アラブの土地）に侵攻してきたので、国連はイスラエルに非難決議を出したが、アメリカが拒否権を発動し潰してきた。それが未だに続いているのである。

今回のハマスの攻撃もその一つである。周辺のアラブ諸国はパレスチナの味方だが、軍事力が圧倒的に上であるイスラエルが、今、ガザ地区を攻めているのである。もともと、住むところがなかったユダヤ人たちに、第二次世界大戦後国連がパレスチナの土地を与え、パレスチナ人が追い出されるのを嫌がったのが対立の原因である。アラブとイスラエルが共存していくにはどうすればよいのだろうか。

２０２３年12月8日

イスラエル問題
―祖国を追われ差別されてきたユダヤ人の深い闇―

イスラエルはユダヤ人国家である。

ユダヤ人は長い歴史の中で、自らの国家をもたなかった。第二次世界大戦では、ドイツのヒトラーが徹底的にユダヤ人を差別し、ユダヤ人狩りをし、他国（ポーランド等）に侵攻しアウシュヴィッツ収容所等に強制収容し、６００万人ものユダヤ人を虐殺した。

それまで祖国もなく、差別されていたユダヤ人は、第二次世界大戦後やっと国連によって、中東のパレスチナにおいて国家として認められたのである（１９４８年5月14日イスラエルでの建国宣言）。それまでは、１９１７年からイギリスの委任統治領パレスチナであったが、もともとはアラブの土地であったところへユダヤ人国家を作ったために、現地のアラブ人の反発を招き、たびたび衝突を繰り返していたが、第二次世界大戦後の国連総会（１９４７年11月29日）でのパレスチナ分割決議で賛成多数でイギリスの統治ではなく、ユダヤ人国家としてのイスラエルをアラブの地に認めたのである。

アラブ諸国は、もともと自分たちの土地であったところへ国連の指示のもととはいえ他国を作ることに猛烈に反発し、第一次中東戦争から第三次中東戦争、そして、現在までパレスチナ紛争が続いている。イスラエルが現在ハマスを攻撃しているのは、ハマスに攻撃されたから反撃したといっているのは、そういう口実である。

確かに、今まで自分の土地だったところへ、他国が踏み込めば怒るわけで、それが戦争になったのだから、世界はまだまだ子供の世界なんだなぁと思ってしまう。

2024年2月9日

支配者層を信用するな

―戦争で他国民を殺すのは『善』。人格を疑う二重基準―

癌とか、耐え難い体の痛み、愛する人の突然の死などで死にたくなる人が日本では年間2万人以上もおられる。「自殺」といわれている。自分で自分を殺すことを意味する。これは罪に問われない。しかし、殺すことは罪である。なら、言い方を変えるべきであろう、「自殺」ではなく「自死」というべきであろう。

一方、戦争で亡くなった人はどういうべきか、「他殺」であろう。自国内で他人を殺すのは「悪」、戦争で他国民を殺すのは「善」、二重基準である。それが世界で横行している。国際連合も戦争を悪と決めつけていない。どちらか勝った方が、その国の基準で他国を支配する。

ヒトラーのナチスドイツも、ユダヤ人を虐殺しその支配下において、第二次世界大戦を戦った。日本もアジア支配を目論み第二次世界大戦を戦った。ナチスも日本もその支配者層が、国民大衆を支配下において戦争を企ててきた。彼らが第二次世界大戦で勝利していたならば、今世界はどうなっていたであろう。

私たち国民は、支配者層を信用してはならない。絶えず目を見開いて支配者層をチェックしていく必要がある。

２０２４年４月12日

新しい反戦組織を作る必要性
―支配者層は安全な場所で戦争を指揮する。大量殺人犯と変わらない―

世界中で戦争をしまくっている。ロシアとウクライナの間でもそうだ。ロシアに占拠されたウクライナの一部の地域の人々の存在は忘れ去られている。プーチンがどう、ゼレンスキーがどうということばかりが報道され、両国の国民の意見は報道されない。一番苦しい思いをしているのは、侵略され殺されている人々だろう。第二次世界大戦でも支配者の思惑で国民が戦争に駆り出され、多くの国民は広島、長崎、沖縄等で焼夷弾で家を焼かれ、原爆等を落とされ無抵抗の多くの人達を殺しているのだ。

戦争を止めさせるには、世界の人々がまとまって、戦争をしている国の国民同士が国を超えて仲間となり、戦争に非協力的になるべきだ。自国他国問わず反戦連合体を作り出し、支配者層の国連ではなく、新しい組織を作り出す作業をするべきであろう。その新しい組織は「国際反戦連合」と名付けるのがよかろう。

２０２３年５月18日

第三章
日本の人権問題

役に立たない人間はいらないというヒトラーの思想を体現
―再度、植松聖と相模原殺傷事件とその背後関係―

２０１６年7月26日、男性による知的障害者の19名の殺人と26名を負傷させる事件が起きた。私自身、この事件は障がい者による障がい者への犯罪とはいえない大きな問題を抱えていると思える。この犯人の思想は、今に始まったことではない。83年前、ナチスヒトラーが行った「T－４作戦」（１９３９年10月～１９４１年8月）は社会ダーウィニズムに基づく、優生学思想即ち、劣等分子の断種、治療不能の病人を要請に応じて殺すという安楽死を、元ライプチヒ大学の学長であるカール・ビンディングとフライブルク大学教授で精神科医のアルフレート・ホッヘによって始められた。ヒトラーは彼らの協力を得て、精神病者、遺伝性のある病者、ひいては労働能力の欠如者、同性愛者、社会的反抗者等に対して、精神科医のヴェルナー・ハイデとパウル・ニッチェを鑑定人とし、6つの施設に彼らを入れガスによる殺害を行った。20万人にも上る人達であった。この計画は、ローマ教皇庁の知ることにより、批判を浴び、一端中止を余儀なくされたが、カモフラージュされて続けられていた。その殺害方法は、ユダヤ人抹殺計画に利用され、アウシュビッツ等で600万人ものユダヤ人のホロコースにつながっていった。

1943年にはブラント作戦と称して、ユダヤ人のみならず、精神病者、反社会的分子、劣等人種としてジプシー、ポーランド人、ロシア人、ウクライナ人、更に登校拒否児童、障害児まで対象が拡がり、強制収容所にてガス等で殺されていったのである。

この事件の犯人は、このヒトラーの思想性を体現している。当時の衆議院議長へ直訴した手紙にも、社会に役に立たない障がい者には死んで貰った方がいい、それがいい社会・国を作るのだと広言している。そして、自らそれを実行している。これは、今の日本の一部の保守層の政治家（官僚を含む）及び、ヘイトクライムをしている人が、役に立たない年寄り達に向ける視線と共有している。日本は役に立つ人間だけでいい、役に立たない人間はいらない、この思想性がじんわりじんわりこの日本でも生まれてきている。この恐ろしさに気づくべきである。

犯人である青年は、精神障がい者ではない、あの衆議院議長宛の直訴の内容は、まとまりがあり、自分の信念を吐露している。日本で生まれつつある恐ろしい思想犯である。

幼い子供を守るように、弱者を守るべき社会こそ、今必要である。

２０２２年２月11日

内部留保と労働者の賃金
―実質賃金は30年前を下回っている事実―

内部留保とは、企業が生み出した利益から税金や配当、役員報酬（人件費）などの流出分を差し引いたお金で、企業内に蓄積されたお金をいう。貯め込まれた内部留保金は、２０２０年度末に４８４兆円にものぼり、年々その額は増えていっている。

一方、労働者の賃金とは、労働基準法で「労働の対償として使用者が労働者に支払うすべてのもの」と定義されている。驚くべきことに現在の実質賃金（物価を考慮した賃金）は、30年前を下回っているのである。この大きな要因は、正規社員の給与水準の低迷と正規社員よりも安い非正規社員の拡大である。今は非正規社員の方が正規社員より増えている。以上の理由で、企業の儲ける金が大幅に増え、労働者の賃金は減っているのである。

なぜそうなったのか。

第一に労働組合の衰退である。社会の保守化と共に組合自体も保守化に向かい、強かった日本労働組合総評議会も日本労働組合総連合会という企業内組合という保守的組合に吸収され、組合加入率も大幅に低迷し、労働者意識も薄れ、昔は多かったストライキも今は全くみられなくなった。それに伴い、労働者の大きな支えであった社会党も、労働者の党ではなくなり衰退していき、過酷な労働を強いる企業に対しストライキで闘う姿勢もうせている。

それらを思い返すと、今の日本社会は絶望的な保守化となっている。何とかしたい！

2022年8月12日

校則って必要？

―禁止項目のオンパレードに息が詰まるね―

麻布、筑波大付属駒場、灘中高、自由の森学園などは、校則がない学校だ。殆どの学校には校則がある。校則ってなんであるのであろうか。

ネットで調べてみると、生徒の従順な心を育むためとある。しかし、生徒たちは自由でのびのびして明るい学校を望んでいるが、校則は逆にその生徒の望みを規制するものが殆どである。校則を決めるのは、それぞれの学校の校長だ。髪の毛は、地毛が茶色の生徒でも黒でないとダメ、パーマは禁止、肩以上伸ばしてはダメ、男子は皆丸刈り、ピアスは禁止、カーディガンやジャージはダメ、リボンはつけない、徒歩40分以上でも自転車禁止、漫画の持ち込み禁止、スマホの持ち込み禁止、異性との交際禁止など、やってはならないことの禁止項目が並んでいる。息が詰まりそうだ。

校則のある学校の生徒の雰囲気は暗い。授業中もただ先生の講義を黙って聞いているだけ、殆ど質疑応答もない。講義が終わると先生も黙って教室から出ていくだけ。生徒達も仲間がいれば、唯くだらない話をしているだけ、それも男子生徒は男子だけ、女子生徒は女子だけで。放課後も男女別々に帰る、男女一緒に帰ると先生から変な目で見られ、腕を組んで歩いたりすることなどできやしない。明るさがなく暗い生徒達だらけ、何の楽しみもない学校生活、それは校則による自由の束縛からきている。校則が若者の本来持っている明るさを奪っている。

校則がない明るい学校にしてみてはどうだろうか？　服装も自由、髪型も自由でのびのびと明るい学校にしてみないか？　ある程度の校則を作るにしても、校長先生の一存ではなく先生方や生徒や家族と話し合って決めてみたらどうだろうか。

２０２２年12月9日

死刑制度を廃止せよ
―死刑が犯罪を抑制するという考えは間違え―

殺人は犯罪であり、罰せられる。死刑は国が犯す殺人であるが、罰せられない。日本には刑法があり、その中で「死刑＝殺人」を認めている。国によっては死刑のある国とない国があり、今は死刑制度を廃止した国が増えている。２０１２年には１４１ヵ国が死刑を廃止している。

小中学生に「人を殺してはいけません。それは犯罪です。場合によっては死刑もあります。」と先生が教える。一人の生徒が「国が人を殺した場合は、国は死刑にならないのですか?」と先生に質問する。困った先生は「国は人を殺してもいいのです。刑法に定められていますから。戦争になれば他国民を殺すことも認められています」と答える。生徒は「でも日本は憲法九条で戦争をしないことになっていて、戦争をしない日本は他国民を殺さない約束をしているのに、自国民は殺してもいいのですか?」と答える。先生は「そうですねぇ……」と絶句する。

死刑は犯罪を抑制するという意見もあるが、死刑を廃止したフランス、カナダなどは殺人発生率が低くなっているので間違っている。日本で凶悪犯罪が増えているではないかという指摘もあるが、日本の殺人発生率は世界にも類がない低さである。日本の殺人事件は1067件（2010年）と世界第4位の少なさである。

死刑は冤罪もある。袴田さんも誤審され死刑が確定し48年も刑務所に入れられていた。アメリカでは140人の死刑囚が再審で無罪となった。それと終身刑よりも死刑の方がお金がかかる。それに私の刑務所暮らし10ヶ月(未決勾留)の経験から、今の刑務所は管理一辺倒であり、人としての誇りや自尊心を打ち砕く施設である。再犯率が高いのもそれを証明している。死刑は犯罪である。刑法を改正し、死刑を廃止し、強制労働（3，000円／日）をなくし、懲役刑と禁固刑を拘禁刑とし、収容された人の人権を守る施設に変えるべきである。

2023年4月14日

マイナンバーカードの問題点
――政府が目論む個人資産の把握――

マイナンバーカードは、行政手続きを簡略化するために政府が出してきたものである。

このカードには第一に個人番号、氏名、住所などの個人情報が入っている。万一紛失した場合は、その個人情報が洩れる危険性がある。第二に顔写真がついている。しかし、アプリやコンビニの末端などでマイナンバーカードを使用する場合には顔写真は必要ないので、単純な暗証番号を設定していたなら他人に悪用される恐れがあるだろう。第三に銀行口座や証券口座が紐付けされることで、個人資産の状況が筒抜けになってしまう。

しかし、あれば便利という人もいる。第一は身分証明書として使える。これはなくてもいいというのが国民の大多数だが。第二は行政手続きが簡略化できる。これも今のまま健康保険証、運転免許証で可能である。

個人情報が一つのカードに入っているので、管理されてしまう。国によって個人の情報が知られてしまうことになる。国による個々人の情報管理化である。

その上、トラブルが止まらない。オンラインの資格確認が上手くいっていない。今迄なんのトラブルもなかった健康保険証がマイナンバーカードに変わって、健康保険証が使えなくなってしまう可能性がある。旧来の健康保険証での受診ができず、無保険扱いとなり10割全額負担を強いられるのである。全国の医療機関で診察が停滞してしまいかねないのである。

マイナンバー制度関連法案は、廃案にすべきである。マイナンバーは国民管理に必要なだけで、我々一般国民のプラスになるものではない。

２０２３年６月９日

敵基地攻撃能力にお金を使わず、災害救済費に充てるべき
—タリバンからも信頼されるペシャワール会—

アフガニスタンの飢餓はアメリカが放り投げて撤退したために大規模に発生しているのである。国民の半数が飢餓状態で子供も飢えている。一刻も早く救済に向かわなければならない。中村哲医師は殺されたが、ペシャワール会はタリバンからもアフガニスタンの国民からも信頼されている。砂漠に水をと用水路の工事で60万の人々の命を救ったことが大きな力になっているのだろう。

自衛隊を災害救助隊に変えて、防衛費5兆6千億の軍備とかを災害救助費にして世界に貢献すれば、コスタリカと共に日本は世界から称賛されるだろうに。北朝鮮への敵基地攻撃能力にお金を大量に使うよりもずっとマシであろうに。

2022年1月20日

障がいのある子どもの将来を守るために

—課題解決に取り組む「くお～れの風」—

昨夜、月1回行われている「くお～れの風」の会議に出た。「くお～れの風」は、当事者・家族・専門家・医療従事者・地域の方々などが集まり、情報の共有や自分たちの悩みなどを出し合い、障がいがあっても地域で生き生きと暮らせるようにするための集まりである。

障がいのある子どもを持つ親にとって切実なのは、自分が高齢になったり、亡くなった後、子供の行く末がどうなるかということだ。「グループホーム」が細々ながら支えになっているが、圧倒的に少ない。個別にやっているところは、入所料が高額であるところが多い。入所しやすくするため市町村からの補助金などが必要である。その運動を越谷で行うよう働きかけることを次回の会議で提起したい。

２０２２年６月16日

二　良好な人間関係が統合失調症の再発を減らす

部屋で書類の整理をしていると「ソレイユ」というパンフが目にとまった。よく見ると当院の当事者と支援者の会が出しているものだ。当院の副院長の手塚医師が書いたもののようで、すごくいいことが書いてある。ＥＥ（Expressed Emotion)。

訳すと「意味のある感情」というべきか。家族がＬｏｗＥＥ（批判しない、敵意を持たない、感情的に巻き込まれすぎない、褒める〔感謝する〕、温かな雰囲気を保つ）だと統合失調症の再発率が３倍以上少ないことがわかったと書いてある。家族を含め人間関係を良好に保つことが大事なのであろう。

２０２２年12月15日

医療保護入院は廃止すべき
―本人の意思なしの強制措置は人権上の問題―

日本の精神科病床数はＯＥＣＤ（経済協力開発機構）加盟国全体の精神科病床数の４割弱を占めるほど多い。入院者の半数弱は医療保護入院である。家族の同意が必要だが、いない場合は市区町村長が同意すればよい。改正された後も患者への虐待は後を絶たない。八王子の滝山病院などが問題になっている。本来は本人の意思による入院であるべきなのに、日本は医療保護入院という強制入院となっている。人権保護の観点からも問題である。

イタリアは精神病院を廃止した。イタリアで廃止できたのだから日本でもできないことはない。なのに強制入院となる医療保護入院を継続しているのはおかしい。廃止させよう。

2023年6月15日

精神病院をなくす社会を目指して
―精神病院を捨てたイタリア―

世界では「戦」が続いており、2023年も「戦」の年であろう。殺し合う「戦」

ではなく、スポーツの「戦」ならいくらやってもいい。殺し合う「戦」は止めにしよう。

3月18日（土）には「くお〜れの風」主催の講演会を中央市民会館で行う。「ルポ精神病棟」を書いた大熊一夫氏を呼んで、精神病院をなくしたイタリアの現状について講演してもらう。当日は「あれから半世紀」の題名で大熊一夫氏（ルポ・精神病棟、精神病院を捨てたイタリア 捨てない日本等著者多数）と瀬戸の「南埼玉病院の開放化の歩み」の2講演を越谷中央市民会館で行う。

なぜ、イタリアが精神病院をなくしたのかという面白い出来事をメインにして、瀬戸自身も精神病院は必要ないという思いを以前から持っていて、独自に越谷に「トリエステ」という名をつけたアパートを作った。大熊一夫氏の講演を参考に、まず越谷から精神病院をなくす参考にしていきたいと思っている。

2023年1月19日

日本の精神医療は50年前と変わらず偏見まみれ
—八王子・滝山病院の姿から—

3月18日（土）に「あれから半世紀」と題名で大熊一夫氏を迎えての講演会が開かれた。大熊一夫氏は「精神病院を捨てたイタリア　捨てない日本」という講演を行ったが、本人が84歳になったこともあり、なぜイタリアでやれて日本でやれないのか基本的な違いを明確にいい表すことはできなかったが、フランコ・バザーリアという精神科医が、精神医療への働きかけと同時に政治への強力な働きかけがあってイタリアの精神医療が変わったこと、日本は精神医療の後進性と保守党の厚い壁の前で一歩を前進できず、大きな壁に粉砕されてしまったことは伝えたと思う。

今の日本の精神医療は、八王子の滝山病院のように50年前と全く変わらない差別偏見に満ちた精神医療の現実を突き付けられたままである。何かを変えていかないと思いながら、変えられずにいる現実を粉砕しよう。

2023年4月20日

精神科病院の開放化へ

――自由こそ治療だ――

ここへ勤めて48年になる。南埼玉病院は内田院長が作ったが、色々あって私が33歳の時に院長になって、数年前に清水院長にバトンタッチしている。28年前に個人から法人に、その時に理事長になって今に至っている。現在81歳。「よくまぁ～やってきなたぁ」と思う。10数年前に直腸癌になってオムツを着用し、脊柱管狭窄症で痛みがあり、歩行もままならず、腰も曲がって立ち上がるのもやっと。閻魔様がそろそろお迎えに来る。

南埼玉病院を受け継いだ頃、全国の精神科病院は殆ど閉鎖病棟で収容所型であった。何で精神科の患者さんだけ閉じ込めておくの？　というごく単純な動機で開放化を進めた。当時は開放病棟にしているところが少なった。関東では石川信義先生が作った全開放型の三枚橋病院があり、「そういう病院があるんだぁ」といって、職員を連れて7～8回見学に行った。三枚橋病院は広大な敷地に、殆ど鍵がなく自由で明るい病院で、ディスコもあった。そこに案内されたら職員や患者さんが踊りまくっている。たまたま石川信義先生が入ってきて、その中に入り患者さん達に交じって踊りまくっているのではないか。それを見た我等一同は感動し、我等もそういう病院にしようと決意した。そして、病院を建て替えようと思い平屋の病院から自由な病院へとした。昭和60年頃のことだ。

しかし、建物だけを替えるのではなくて、自分達が変わらなければならないと勉強会を開き、患者さんを心が悩み苦しんでいる人達だととらえて、内に持っている差別感をなくそうとした。看護や医師の体罰が当たり前の当時の精神科ではなく、お互いが仲間としてみていく姿勢に切り替えた。患者会や家族会を作り、職員を交えた合同会議を何回も開き、差別なく自由に話し合える病院にしていくことも実践していった。それを通して、差別的だった看護、医師、職員らも変わっていき、病院全体が明るくなっていった。それらを数十年続けて今がある。今の病院の看護をはじめとする職員は差別的な人はいない。お互いが尊重しあっている。

フランコ・バザーリア（イタリアの精神科医）は「自由こそ治療だ」といって、イタリアの精神科医療を大改革した。私達もそれを実践していく。そのイタリアは今や精神科病院はなくなった。バザーリアの魂が生きていたのだ。まだ、日本の精神科医療は遅れているが、この越谷で、この南埼玉病院からでも「自由こそ治療だ」をモットーに改革に突き進みたい！

２０２２年夏

あとがき

今「強欲インフレ」という言葉が注目を浴びています。GDP（国内総生産）デフレーター（国内で新たに生み出された「付加価値の価格」）の分析によると、その上昇分の殆どは企業の取り分になっており、労働者の賃金にはまわされていません。賃金上昇が伴わない強欲インフレ型の物価上昇が続けば、消費を通じて景気を下押しする可能性があります。物価上昇を上回る賃上げを行うために、国民は最低賃金を上げる運動などを行うべきです。

世界中は、ロシアのウクライナ侵攻など戦争だらけです。自国（資本主義国家）を守る為と称して、戦争しあうのです。自国の利害を守る為に国民を戦争に狩り出すのです。真の社会主義、共産主義を名乗る国家も少なくなりました。国家を名乗るではなく、世界社会主義を名乗るものが、国家を超えて生まれることが望まれます。

精神科医 瀬戸サトシ

今後の世界を憂う

2025年1月20日　初版第1刷発行

著者／瀬戸 睿

発行人／瀬戸 睿
編　集／阿瀬健一
装　丁／河村貴志
写　真／志立 育
印　刷／株式会社シナノパブリッシングプレス

発　行／朝日エディターズハウス（東武朝日新聞出版事業部）
〒343-0845 埼玉県越谷市南越谷1-4-53-103
TEL：048-985-2926　FAX：048-985-2927
https://www.tobuasahi.co.jp

発　売／有限会社 創出版
〒160-0004 東京都新宿区四谷2-13-27
TEL：03-3225-1413　FAX：03-3225-0898
https://www.tsukuru.co.jp

ISBN：978-4-904795-85-9　C0036
Printed in Japan